Ann Drechsler

Die Säulen des Frühkapitalismus und das frühe Verlagswesen gegenüber dem heutigen Wirtschaftssystem

GRIN Verlag

Bibliografische Information der Deutschen Nationalbibliothek:

Die Deutsche Bibliothek verzeichnet diese Publikation in der Deutschen Nationalbibliografie; detaillierte bibliografische Daten sind im Internet über http://dnb.d-nb.de/ abrufbar.

Impressum:

Druck und Bindung: Books on Demand GmbH, Norderstedt Germany
ISBN: 978-3-656-25209-2

Dieses Buch bei GRIN:

http://www.grin.com/de/e-book/198457/die-saeulen-des-fruehkapitalismus-und-das-fruehe-verlagswesen-gegenueber

Universität Erfurt
Erziehungswissenschaftliche Fakultät
Grundschulpädagogik/Kindheitsforschung
Seminar (3 LP):
Archive und Museen – Möglichkeiten und Chancen der Nutzung

3. Semester, WS 2009/2010

Thema der Hausarbeit:

Frühkapitalismus in Deutschland vom Spätmittelalter bis in die Frühe Neuzeit – das frühkapitalistische Verlagswesen im Vergleich zur Funktionsweise im heutigen Wirtschaftssystem

Name: Drechsler, Ann
Hauptfach: Pädagogik der Kindheit
Nebenfach: Germanistik

Abgabedatum: 12.02.2010

Inhalt

1. Einleitung

Kapitalismus bezeichnet „ (...) eine bestimmte Wirtschafts- und Sozialordnung. Der Kern des Kapitalismus ist die Auffassung, daß das Kapital ein Produktionsfaktor sei, der eine »Leistung« erbringe und gleichberechtigt neben der menschlichen Arbeit am Gewinn beteiligt sei. Kennzeichen des Kapitalismus ist die Verwendung von Produktionsmitteln (Maschinen u. a.), die nicht dem Arbeitenden gehören, wodurch sich eine Abhängigkeit der Besitzlosen, die entlohnt werden, von den Kapitalisten, denen die Produktionsmittel und Fertigprodukte gehören, ergibt. Das treibende Motiv des Wirtschaftens im Kapitalismus ist das Streben des Kapitaleigners nach möglichst hohem Gewinn (...). [...]"[1]

Der Kapitalismus gliedert sich in drei Abschnitte: die erste Phase ist der Frühkapitalismus ab dem 15. Jahrhundert, die zweite Phase ist der Hochkapitalismus ab dem 18. Jahrhundert und die dritte Phase ist der Spätkapitalismus ab Ende des 19. Jahrhunderts.[2]

Die vorliegende Hausarbeit konzentriert sich auf den Frühkapitalismus in Deutschland vom Übergang *Spätmittelalter*[3] bis *Frühe Neuzeit*[4]. Zu Beginn werden der Frühkapitalismus und seine vier Säulen mit den wichtigsten Aspekten erklärt und anschließend wird ein allgemeiner Vergleich des frühkapitalistischen Verlagswesens mit der Funktionsweise im heutigen Wirtschaftssystem thematisiert.

Kennzeichnend für das Mittelalter war zunächst der *Feudalismus*[5], bis dieser allmählich vom Frühkapitalismus und dem damit gemeinten Bedeutungszuwachs von Geld und Privateigentum von Produktionsmitteln abgelöst wurde.[6]

---

[1] GROSSES LEXIKON IN FARBE (1993): Band 2 GEO – NAH. München.

[2] Vgl. Microsoft Encarta Enzyklopädie 2006: Begriff ‚Kapitalismus'.

[3] Datiert von ca. 1250 bis 1500.

[4] Datiert von ca. 1500 bis 1789.

[5] Das Lehnswesen (Feudalwesen) bezeichnete das Verhältnis, wonach ein Lehnsherr einem Lehnsempfänger Grund und Boden lebenslang zur Verfügung stellte; der Lehnsempfänger musste dem Lehnsherrn im Gegenzug persönliche Dienste leisten.

[6] Vgl. URL: http://de.wikipedia.org/wiki/Frühkapitalismus [09.02.2010]

2. Blütezeit des deutschen Frühkapitalismus

Die deutsche Wirtschaft, welche sich zwischen einem vorherigen südfranzösisch-oberitalienischen und einem nachherigen atlantisch-nordwesteuropäischen Zeitalter befand, hatte Ende des 15. Jahrhunderts und in der ersten Hälfte des 16. Jahrhunderts ihre Blütezeit. Deutschland hatte eine Erstposition inne, und zwar im Handel (der im Norden von der *Hanse*[7] und im Süden von den frühkapitalistischen Handelshäusern der *oberdeutschen*[8] Städte geprägt war) und im Exportgeschäft, das sein Zentrum im Rheinland und in Oberdeutschland hatte – Absatzprodukte waren zum Beispiel Nürnberger Harnische, Augsburger Silbergeschirr, Aachener Messing, bergisches Eisen und billige Textilien (Leinen und Mischgewebe mit Baumwolle, Barchent). Entscheidend war aber auch die Montanbranche. Unter ‚Blütezeit' versteht man unter damaligen Gesichtspunkten, dass Hoch- und Tiefphasen, überdurchschnittliche Expansion in einzelnen Gebieten und auch wirtschaftliche/soziale Verschiebungen und die damit einhergehenden Spannungen parallel existent waren. Anstelle des norddeutschen Hanseraumes und der hansischen Fernkaufleute, die im Mittelalter noch bedeutende Privilegien hatten, am Anfang des 16. Jahrhunderts aber zunehmend mit Hindernissen der erstarkenden Territorial- und Nationalstaaten zu kämpfen hatten, hatten nun Ober-, Mittel- und Südostdeutschland ihren Höhepunkt – hier hatte sich das in Italien entstandene frühkapitalistische Wirtschaftssystem entfaltet und es hatte in Deutschland im ersten Drittel des 16. Jahrhunderts seine Blütezeit.[9]

3. Die vier Säulen des Frühkapitalismus

Das frühkapitalistische Wirtschaftssystem setzte sich aus folgenden Sparten zusammen: nämlich aus dem Bergbau und Hüttengewerbe, dem Fernhandel

---

[7] „ (...) seit dem 12./13. Jh. übliche Bezeichnung für die genossenschaftliche Vereinigung dt., besonders norddt. Kaufleute, veranlaßt durch gemeinsame Handelsinteressen u. die Notwendigkeit gegenseitiger Unterstützung im Ausland. Später traten an die Stelle der einzelnen Kaufleute als Mitglieder die Heimatstädte. [...] (...) 15./16. Jh. (...) Niedergang der Hanse, im 17. Jh. (...) Auflösung. [...]" GROSSES LEXIKON IN FARBE (1993): Band 2 GEO – NAH. München.

[8] Z. B.: Bayern, Baden/Württemberg (damals noch getrennt).

[9] Gliederungspunkt 2: Vgl. Schilling 1994: 37 – 39.

(besonders Orienthandel), dem Verlagswesen sowie aus dem Geld- und Kreditgeschäft.[10]

3.1 Bergbau und Hüttengewerbe

Gebiete wie der Harz, der Thüringer Wald und das Erzgebirge gewährleisteten üppige Erzvorkommen, die seit Mitte des 15. Jahrhunderts auch in ausschöpfender Weise genutzt wurden, die aber auch Innovationen mit sich brachten, was Bergbau- und Verhüttungstechniken sowie leistungsfähige Finanzierungs- und Betriebsformen anbelangt. In jenen Gebieten kam es zur Eröffnung einträglicher Gruben. Bergbau und Verhüttung profitierten von der technischen Revolution des Spätmittelalters: Vor allem durch die sogenannte ‚Wasserkunst' entstanden einerseits tief in der Erde neue Schächte, andererseits konnten so auch alte, stillgelegte Gruben quasi wiederbelebt werden. In der Verhüttungstechnik wurde nun das erfundene *Seigerverfahren*[11] angewandt. Zum Beispiel der Silbergewinnung kam die spezielle Kupferseigerung zugute – damit konnte man das Edelmetall Silber aus diversen Kupfererzen herausschmelzen. Die Folgen dieser technischen Verbesserungen/Erfindungen waren mitunter der wirtschaftliche Aufschwung der Kupfererzförderung und Silbergewinnung sowie die durch große Seigeranlagen verursachte Schaffung von Arbeitsplätzen. Außerdem erweiterte sich das Netz der Verkehrswege und man nutzte zunehmend Wasserkraft und Holz zur Energiegewinnung. Durch die Anlagen-Vergrößerungen waren enorme Kapitaleinsätze nötig, sodass folglich Handelsgesellschaften gegründet wurden, weil dermaßen hohe Beträge auch Kaufleuten nicht zur Verfügung standen. Jene von Kaufleuten und fürstlichen Räten geführten Gesellschaften kauften die Erze ein, setzten die Metalle ab und besorgten das erforderliche Kapital. Der Kreislauf erweiterte sich, indem für die Übernahme der Produktionsstätten viele Investoren gesucht und somit sowohl Kapitalgesellschaften gegründet als auch aktienartige Anteile am Bergbau (Kuxen) ermöglicht wurden. Die Kuxen waren auch Handwerkern, Lohnarbeitern, Knechten und Mägden zugänglich, um aus den Schacht- und Gruben-Gewerkschaften eine mögliche Dividende zu bekommen. Das

---

[10] Vgl. Schilling 1994: 39.

[11] Ausschmelzen von Metallen aus dem Eis; Trennen von Metallen aus Metallmischungen.

unter damaligen Verhältnissen moderne Montangewerbe sorgte mit seinem Silber als bedeutendstes Zahlungsmittel für eine Ausdehnung der Geldgeschäfte. Deutschland war bis ca. 1550 das Land mit der größten Produktion von Edel- und Buntmetall, sodass die hiesigen Kaufleute und Finanziers selbst Frankreich, England und Italien hinter sich ließen. Die Silbergewinnung war enorm – um 1530 konnten in Mitteleuropa mindestens acht Zentren einen Silberertrag zwischen 10000 und 50000 Mark verzeichnen. In den ersten dreißig Jahren des 16. Jahrhunderts besaß Deutschland die größten Finanzressourcen im ganzen Kontinent, woraus auch die Fürsten ihren Nutzen zogen, zum Beispiel für die territoriale Staatsbildung und den politischen Einfluss.[12]

3.2 Fernhandel

Augsburg, Ulm und Nürnberg waren nun bedeutende Zentren des Verkehrsnetzes am Anfang der Neuzeit. Organisiert war der europäische Fernhandel noch von der *Levante*[13] aus. Die Waren und Produkte kamen zum Beispiel aus China, Indien, Bagdad und Alexandria und wurden schließlich über das östliche Mittelmeer und die Adria nach Venedig befördert. Venedig war der größte *Umschlagplatz*[14] für die aus Asien und der Levante stammenden wertvollen Produkte wie Seide, Baumwolle, Brokat, Musselin, Elfenbein, Drogen, Duftstoffe und Gewürze, bis diese Stadt im 16. Jahrhundert von Antwerpen und Amsterdam abgelöst wurde. Nach Oberdeutschland gab es zwei Hauptverkehrswege für die Waren: einerseits der östliche Weg (über den Pontebbapass und die Ostalpen nach Salzburg, Regensburg und Nürnberg) und andererseits der westliche Weg (über den Brennerpass nach Innsbruck, Ulm und Augsburg). Durch diese Routen profitierten sowohl Politiker als auch Kaufleute und Unternehmer vom wachsenden Informationsfluss. Der Transport der Orientprodukte erfolgte von Augsburg und Ulm in die kleineren Reichsstädte Oberdeutschlands oder über Frankfurt nach Köln und in den Nordwesten; eine weitere Strecke führte von Nürnberg über Bamberg, Coburg und Erfurt nach Leipzig, Frankfurt/Oder und Posen mit anschließendem Weitertransport ins Baltikum; ferner gab es auch den Weg über Pilsen, Prag und Breslau nach Krakau

[12] Gliederungspunkt 3.1: Vgl. Schilling 1994: 39 – 41.
[13] Mittelmeerländer östlich von Italien.
[14] Ort, wo Güter auf andere Transportmittel umgeschlagen werden.

und Lemberg oder auch über Lublin nach Kiew. Für die Waren des Orients und Oberdeutschlands (zum Beispiel Wolltuch, Leinwand) gab es im Austausch die typischen Produkte des Ostens (zum Beispiel Pelze, Wachs, Honig, Schlachtvieh), die auf den oben beschriebenen Wegen nach Süddeutschland kamen.[15]

3.3 Verlagswesen

Unter ‚Verlagswesen' wird zunächst einmal die Anfertigung standardisierter Massenprodukte zu niedrigen Preisen und der anschließende Absatz über den Handel verstanden. Leiter eines solchen Unternehmens war ein sogenannter Verleger-Unternehmer, der entweder aus der städtischen Kaufmannschaft oder aus dem Handwerksmeister-Kreis kam und dafür zuständig war, die Produktion zu planen und die Waren auf Nah- und Fernmärkten abzusetzen. Diese Branche hatte sich im Spätmittelalter entwickelt, weil es eine große Nachfrage für Metall- und Haushaltswaren sowie billige Textilien gab. Das Verlagswesen war wegen des Bevölkerungswachstums und der damit einhergehenden schnellen Ausdehnung des Massenmarktes im 16. Jahrhundert ein Garant für Gewinne. Die Zentren des Frühkapitalismus waren auch die Zentren des Verlagswesens: Für Verleger aus Ulm und Augsburg wurden seitens tausender Dorfweber Leinwand und Mischgewebe angefertigt – die Endprodukte waren für den Fernhandel bestimmt. Besonders der *Barchent*[16] stand hoch im Kurs, weil er viel preiswerter war als Stoffe von hoher Qualität. Das Verlagswesen war generell geprägt von der Barchentweberei: Aus dem östlichen Mittelmeer über Venedig bekamen die Verleger die Baumwolle, die mit hiesigem Flachsgarn an die Barchentweber weitergegeben wurde. Seinen Namen bekam das Verlagswesen übrigens daher, weil die von den Verlegern besorgten Rohstoffe die direkte »Vorlage« für arme Landhandwerker darstellte. Das Netz der Abhängigkeit der Weber erweiterte sich noch, als die Verleger nun auch noch Geld zur Beschaffung der Produktionsmittel – primär Webstühle – zur Verfügung stellten. Die Weber mussten ihre Endprodukte den Verlegern zu Dumpingpreisen aushändigen – die Verleger konnten ausnutzen, dass die Löhne auf dem Land ohnehin niedriger waren als in der Stadt und dass die Landweber von

[15] Gliederungspunkt 3.2: Vgl. Schilling 1994: 41 – 43.

[16] Mischgewebe aus Baumwolle und Flachsgarn.

ihrem Garten oder auch Acker lebten. Des Weiteren war es absolut üblich, dass die gesamte Familie (Eltern und viele Kinder) zuhause an den Webstühlen arbeitete. Seit den Neunziger Jahren des 15. Jahrhunderts war ein großer Produktionszuwachs zu verzeichnen: beispielsweise belief sich der Barchentumfang in Augsburg zu dieser Zeit erst auf ca. 50000 Stück pro Jahr – zur Mitte des 16. Jahrhunderts waren es bereits ca. 300000 Stück Barchent pro Jahr.

Wie die Barchentweberei vereinnahmte das Verlagswesen auf dieselbe Weise auch die Färberei. Diese war primär noch in den Städten vertreten. Auch die Handwerker der Färberei wurden abhängige Lohnarbeiter.

Die Gewinne gingen an die frühkapitalistischen Verleger und die Weberfamilien hatten so gut wie nichts davon.[17]

3.4 Geld- und Kreditgeschäft

Das frühkapitalistische Wirtschaftssystem wurde besonders von den großen Bankgeschäften geprägt. Die Kaufleute dieser Branche bezeichnete man als Finanziers. Der Geldhandel stand nicht für sich, sondern stand in unmittelbarer Verbindung mit dem Montangewerbe und Fernhandel. Dennoch spielte der internationale Bank- und Wechselverkehr eine besonders große Rolle.

Die Begleiterscheinungen des Fernhandels brachten Kaufleute hervor, die sich auf das Geld- und Wechselgeschäft konzentrierten (*Geldwechsel/Wechselbrief*[18]). Außerdem erweiterten sich im späten 15. und im 16. Jahrhundert die Kreditgeschäfte, sodass u. a. neue Vorgehensweisen des Geldtransfers entstanden.

Während das europäische Kreditwesen um 1470 ihren Mittelpunkt noch in Oberitalien, Venedig, Genua und Florenz hatte, war das Zentrum um 1520 in

[17] Gliederungspunkt 3.3: Vgl. Schilling 1994: 43, 44.

[18] Geldwechsel: Umtausch von Währungen in andere Währungen./
Wechselbrief: Bargeldloser Zahlungsverkehr; bei Erhalt der Ware übergab der Empfänger dem Lieferanten den Wechselbrief, der das Recht garantierte, die vereinbarte Kaufsumme vom Wechselaussteller selbst oder einer dritten Person an einem bestimmten Ort zu einer bestimmten Zeit zu bekommen. Gründe u. a.: Prägung und Umlauf von Bargeld waren begrenzt; Risiko für Kaufleute/Händler, große Geldsummen bei großen Entfernungen zu transportieren. Vgl. URL: http://www.spiegel.de/spiegel/spiegelgeschichte/d-66214335.html [11.02.2010]

Oberdeutschland – folglich nahmen nun die *Fugger*[19] den Platz der *Medici*[20] ein. Den Bank- und Wechselverkehr steuerten erst Juden und Lombarden (Lombardei: italienische Region) und anschließend heimische Bankiers und Kaufleute, die zusammen mit den Fürsten und dem Kaiser den profitabelsten Bereich des Geldgeschäfts für sich beanspruchten konnten. Entscheidend für die vierte hier genannte Säule des Frühkapitalismus war das Geldbedürfnis der großen und kleinen Herren. Im gleichen Zuge entwickelten sich auch die Verkehrsverbindungen und die Handelskapazität immer weiter. Schon im Spätmittelalter waren die verfügbaren Münzgeldreserven nicht genug, um dem internationalen, nationalen, regionalen Handel und der öffentlichen sowie staatlichen Verwaltung schnelles Geld zu gewährleisten – im 16. Jahrhundert wurde das Geld dann gänzlich zur Schwachstelle der Wirtschaft und Politik, weil die öffentlichen Ausgaben zu jener Zeit noch nicht durch regelmäßige Einnahmen und einen geordneten Staatshaushalt finanziert werden konnten, ergo besorgte man sich das benötigte Geld mittels Krediten. Sogar der ein oder andere deutsche Fürst des 16. Jahrhunderts hatte bis zu vierzig Prozent seiner Einnahmen in die Schuldenrückzahlung stecken müssen. Alles in allem waren im genannten Jahrhundert Monarchen, Kaufleute, Ritter, Handwerksmeister und Bauern von Krediten abhängig. Bauern gaben selbst Überröcke in Pfändung, um sich Geld für den Kauf von Nutztieren leihen zu können. Das Kreditgeschäft großen Stils war den Finanziers der oberdeutschen Reichsstädte vorbehalten. Finanzkraft verband sich mit politischer Macht, weil große Kreditgeber wie die Tucher und Imhof (Nürnberg), die Kraft, Ehinger und Schad (Ulm) und besonders die Höchstetter, Welser und Fugger (Augsburg) die Pracht und den Prunk deutscher und europäischer Höfe für weltliche und geistliche Fürsten erst ermöglichten. Die privaten Bankgeschäfte erzielten ihre Gewinne durch Kreditvergabe auf Zinsbasis; im 16. Jahrhundert kamen aber auch noch die großen Staatskredite hinzu, d. h. die frühkapitalistischen Handelshäuser gaben deutschen und europäischen Fürsten und Monarchen Geld, damit diese ihre Staaten erweitern sowie ihre Kriegsaktionen

[19] „Seit dem 14. Jh. in Augsburg ansässiges Geschlecht, das durch weitverzweigte Handels- u. Geldgeschäfte, Bergwerkunternehmungen, Faktoreien, Agenturen u. Verbindungen nach Übersee großen Reichtum, Weltgeltung u. Einfluß auf die Reichspolitik errang; waren unter Jakob II. F., dem Reichen (...) die größten europ. Bankiers ihrer Zeit u. brachten als Geldverleiher Kaiser (...) u. Päpste in ihre Abhängigkeit; (...). [...]" GROSSES LEXIKON IN FARBE (1993): Band 1 A – GEO. München.

[20] „Florentinische Bankiersfamilie, (...). [...] Weit reichende Handelsverbindungen und Geldgeschäfte in ganz Europa machten die Medici zu einer der reichsten Familien im Italien des 15. Jahrhunderts. [...]" Microsoft Encarta Enzyklopädie 2006: Begriff ‚Medici'.

finanzieren konnten. Da der Zinsgewinn in der Adelsgesellschaft ohnehin keine Gewähr darstellte, war es für die Kreditgeber wichtiger, Handelsmonopole zu erringen, was durch die Kontakte in den höchsten Kreisen auch ermöglicht wurde – folglich kam es zu weiteren Profitsteigerungen im Hüttengewerbe, Fernhandel und Verlagswesen.[21]

Der unmittelbare Zusammenhang von Montanindustrie, Fernhandel, Verlagswesen und Bankgeschäften brachte den Frühkapitalismus als erstes Wirtschaftssystem der Neuzeit hervor.[22]
Einfache Beispiele für die Verbindung der vier Säulen: Das Montangewerbe baut erst einmal Rohstoffe ab, zum Beispiel Silber. Über den Fernhandel werden Rohstoffe beschafft, die von den Verlegern als direkte Vorlage an beispielsweise Landweber gegeben werden und die Endprodukte setzen die Verleger wieder über den Fernhandel ab. Kaufleute möchten im (Fern)Handel große Mengen an Textilien für ihre Geschäfte kaufen, haben aber nicht genügend Geld, sie nehmen bei Bankiers einen Kredit auf und es kommt zum Abschluss eines Finanzgeschäfts zu bestimmten Konditionen (Zinsen, Gewinnbeteiligung u. a.).

4. Das frühkapitalistische Verlagswesen gegenüber dem heutigen Wirtschaftssystem

Im Folgenden sollen einige wichtige Gemeinsamkeiten und Unterscheide zu oben genanntem Gliederungspunkt aufgezeigt werden.
„In Deutschland existiert heute praktisch kein Verlagssystem mehr."[23]
Das ist zunächst insofern erst einmal richtig, wenn man betrachtet, dass es heute *den Verleger* des frühkapitalistischen Systems nicht mehr gibt, d. h. heute werden die Rohstoffe als direkte Vorlage nicht mehr zu den Landhandwerkern nach Hause gebracht, damit diese Endprodukte fertigen und sie dann dem Verleger für wenig Lohn geben müssen. Auch gibt es heute diese mittelalterlichen Landhandwerker gar nicht mehr (Anführung des wesentlichen Grundes dafür weiter unten) – hinzu kommt, dass es im Gegensatz zur Zeitspanne Spätmittelalter – Frühe Neuzeit heute

---

[21] Gliederungspunkt 3.4: Vgl. Schilling 1994: 44 – 47.
[22] Vgl. Schilling 1994: 46.
[23] URL: http://de.wikipedia.org/wiki/Verlagssystem [12.02.2010]

eben nicht mehr Usus ist, dass die komplette Familie zusammenarbeitet; damit in Verbindung sei erwähnt, dass Kinderarbeit in den meisten Aspekten ohnehin gesetzlich verboten ist. Schaut man sich aber an, dass das Verlagswesen eben eingangs so beschrieben wird (siehe Gliederungspunkt 3.3), dass standardisierte Massenprodukte zu niedrigen Preisen angefertigt und anschließend über den Handel abgesetzt werden, dann muss man sagen, dass dieser Punkt ebenfalls fester (gar entscheidender) Bestandteil des heutigen Wirtschaftssystems ist – es geht um Massenproduktion und um den Verkauf auf dem Markt; kennzeichnend ist aber in unserer Zeit, dass der Absatz durch die stetige Weiterentwicklung viel vernetzter und globaler ausgerichtet ist. Anstelle des Verlagswesens gibt es heute Unternehmen, Firmen, Großbetriebe etc. Das Verlagswesen war ja (ich verweise wieder auf 3.3) besonders erfolgreich durch die Barchentweberei: heute ist der Textilzweig nur eine Produktionssparte von enorm vielen. Eine relevante Rolle spielte auch die Industrialisierung ab Mitte des 18. Jahrhunderts: Hiermit ist die Produktion und Verarbeitung von Waren und Gütern in Fabriken sowie Anlagen in Verbindung mit Einsatz von Maschinen gemeint, d. h. das klassische und für das Mittelalter noch typische Handwerk wurde im Laufe der Zeit allmählich verdrängt. Die Industrialisierung ist der Grund, dass heute einerseits Millionen von Stückzahlen produziert werden können im Gegensatz zum verlegerischen Modell, um beim Beispiel der Barchentweberei zu bleiben, wo man durch Handwerk (!) zur Mitte des 16. Jahrhunderts in Augsburg auf ca. 300000 Stück Barchent pro Jahr kam. In der Dimension des Handwerks und des Zeitraumes Spätmittelalter Frühe Neuzeit waren das enorme Zahlen, heute dagegen sind das in der Tat Peanuts (zugegebenermaßen und in der Relation betrachtet ist die handwerkliche Schaffenskraft solcher Barchent-Stückzahlen eine beachtliche Leistung gewesen).

Auch ist das Handwerk der Weberei heute im Grunde nicht mehr existent:

„Allerdings brachten die mechanischen Webstühle und die Industrialisierung das Ende dieses früher sehr verbreiteten Handwerks. Dieser Umbruch brachte viele Weber um ihre Existenz. Und so waren die Weber mit einer der ersten Berufsstände, die die negativen Folgen der Industrialisierung am eigenen Leib erfahren mussten."[24]

---

[24] URL: http://de.wikipedia.org/wiki/Weber [12.02.2010]

Eine offensichtliche Gemeinsamkeit zwischen damaligem Verleger und heutigem Unternehmer ist, dass es um den Absatz der Produkte im Handel und letztendlich um Gewinnerzielung geht. Eine weitere Übereinstimmung stellt die Abhängigkeit der Lohnarbeiter vom Verleger bzw. vom Unternehmer dar: Hier möchte ich noch einmal einen Teil der bereits in der Einleitung genannten Definition des Kapitalismus nennen: „Kennzeichen des Kapitalismus ist die Verwendung von Produktionsmitteln (Maschinen u. a.), die nicht dem Arbeitenden gehören, wodurch sich eine Abhängigkeit der Besitzlosen, die entlohnt werden, von den Kapitalisten, denen die Produktionsmittel und Fertigprodukte gehören, ergibt.“ (Quelle: siehe Fußnote 1)

Auffällig ist außerdem, dass es ebenfalls eine Übereinkunft ist, dass es sogenannte Niedriglöhne sowohl damals als auch heute gibt: Die Verleger beanspruchten die Gewinne für sich.

Von Niedriglöhnen sind laut empirischen Studien heute zum Beispiel Frauen, Geringqualifizierte und Arbeitnehmer ohne abgeschlossene Berufsausbildung betroffen – außerdem ist der Niedriglohn vor allem in Kleinbetrieben sowie im Handel- und Dienstleistungsbereich vertreten.[25]

Heute ist es aber so, dass es *Gewerkschaften*[26] gibt – sie setzen sich für höhere Löhne, bessere Arbeitsbedingungen und mehr Mitbestimmungsrecht von Angestellten ein. Auch sind heute Streiks, also kollektive Arbeitsniederlegungen üblich, eben weil die Arbeitnehmer mit ihrem Lohn/Gehalt nicht zufrieden sind. Die Zentren des Verlagswesens waren in Deutschland Augsburg und Ulm – heute haben Unternehmen sowohl regional und national als auch international ihre Standorte.

---

[25] Vgl. URL: http://de.wikipedia.org/wiki/Niedriglohn#Betroffene_des_Niedriglohnsektors [12.02.2010]

[26] Interessenverband von Arbeitnehmerinnen und Arbeitnehmern.

5. Schluss

Zusammenfassend ist festzuhalten, dass der Kapitalismus zwar in drei Phasen eingeteilt wird (Früh-, Hoch- und Spätkapitalismus), dass das Grundgerüst dessen – damit sind die wesentlichen Merkmale gemeint wie Gewinnstreben Einzelner, Abhängigkeit der Besitzlosen und die Personifikation des Geldes, nämlich dass es dorthin geht, wo es sich am meisten vermehrt – aber unverändert geblieben ist.

Das frühkapitalistische Wirtschaftssystem war im Übergang Spätmittelalter – Frühe Neuzeit revolutionär, weil es das System des Feudalismus ablöste. Aber auch diese beiden Systeme haben eine prägende Gemeinsamkeit: Die Macht hat der, der Besitz und Geld hat, d. h. die Klasse der Besitzlosen stand nicht nur erst seit Bestehen des Frühkapitalismus der Klasse der Besitzhabenden gegenüber.

Das Verlagswesen ist meiner Meinung nach diejenige Säule des Frühkapitalismus, die eindeutig die meisten Gemeinsamkeiten mit der Funktionsweise im heutigen Wirtschaftssystem aufweist, obgleich es natürlich auch signifikante Unterschiede gibt, die u. a. auf die technischen und logistischen Erfindungen/Innovationen und die Industrialisierung sowie die sozialen, staatlichen und gesetzlichen Veränderungen zurückzuführen sind.

Gerade bei der Thematik Kapitalismus – Frühkapitalismus – Verlagswesen – heutiges Wirtschaftssystem lässt sich regelrecht ein roter Faden durch die Historie erkennen, was es auch erlaubt zu sagen, dass sich Geschichte fortsetzt bzw. auch wiederholt, denn schließlich lässt sich der Kapitalismus seit seinem Emporkommen nicht mehr aus dem Weltgeschehen ‚ausradieren'.

Quellen-/Literaturverzeichnis

GROSSES LEXIKON IN FARBE (1993): Band 1 A – GEO. München.

GROSSES LEXIKON IN FARBE (1993): Band 2 GEO – NAH. München.

Schilling, Heinz (1994): Aufbruch und Krise. Deutschland 1517 – 1648. Sonderausgabe in der Sammlung Siedler (Siedler Deutsche Geschichte). Das Reich und die Deutschen. Berlin.

http://de.wikipedia.org/wiki/Frühkapitalismus

http://de.wikipedia.org/wiki/Niedriglohn#Betroffene_des_Niedriglohnsektors

http://de.wikipedia.org/wiki/Verlagssystem

http://de.wikipedia.org/wiki/Weber

http://www.spiegel.de/spiegel/spiegelgeschichte/d-66214335.html

Microsoft Encarta Enzyklopädie 2006: Begriff ‚Kapitalismus'.

Microsoft Encarta Enzyklopädie 2006: Begriff ‚Medici'.